Impressum
Verlag: BABADADA GmbH, Nedderfeld 112 , 22529 Hamburg
Geschäftsführer / Verlagsleitung: Harald Hof
Druck: Books on Demand GmbH, In de Tarpen 42, 22848 Norderstedt

Imprint
Publisher: BABADADA GmbH, Nedderfeld 112 , 22529 Hamburg, Germany
Managing Director / Publishing direction: Harald Hof
Print: Books on Demand GmbH, In de Tarpen 42, 22848 Norderstedt

學校

escuela

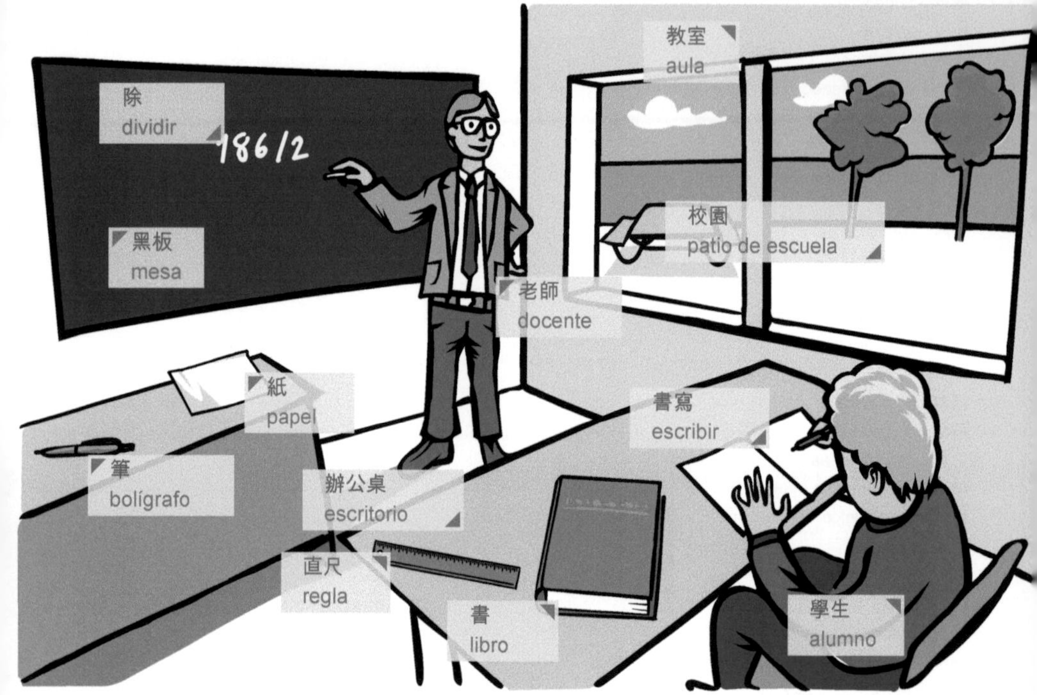

教室
aula
除
dividir
186/2
黑板
mesa
校園
patio de escuela
老師
docente
紙
papel
書寫
escribir
筆
bolígrafo
辦公桌
escritorio
直尺
regla
書
libro
學生
alumno

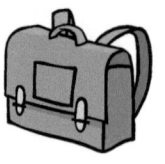

書包
mochila escolar

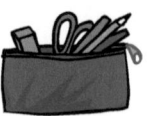

鉛筆盒
caja de lápices

鉛筆
lápiz

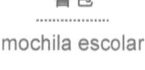

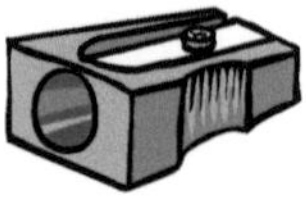
削鉛筆機
sacapuntas

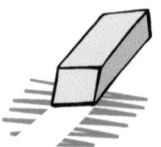

橡皮擦
goma de borrar

畫板
bloc de dibujo

圖畫
dibujo

畫筆
pincel

顏料盒
caja de pinturas

剪刀
tijera

膠水
pegamento

練習冊
libro de ejercicios

家庭作業
tarea

數字
número

加
sumar

減
restar

乘
multiplicar

計算
calcular

字母
letra

字母表
alfabeto

字
palabra

課文

texto

讀

leer

粉筆

tiza

上課

lección

登記

libro de clase

考試

examen

證書

certificado

校服

uniforme escolar

教育

educación

百科全書

enciclopedia

大學

universidad

顯微鏡

microscopio

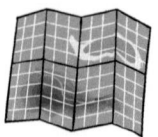

地圖

mapa

廢紙簍

cesto de papeles

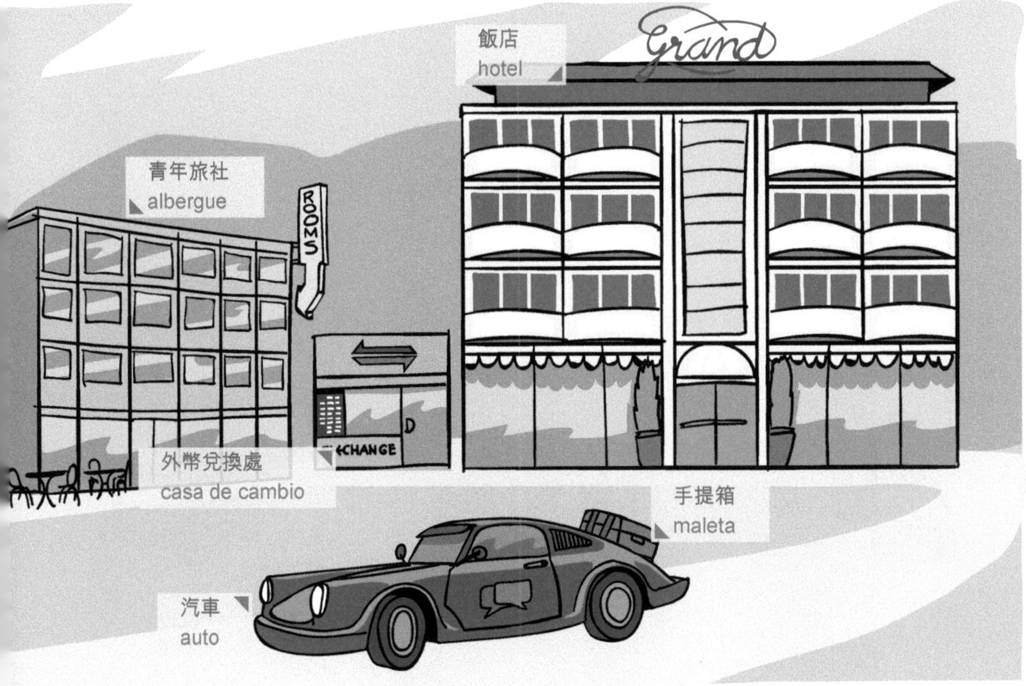

飯店
hotel
Grand
青年旅社
albergue
ROOMS
外幣兌換處
casa de cambio
EXCHANGE
手提箱
maleta
汽車
auto

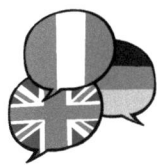

語言
idioma

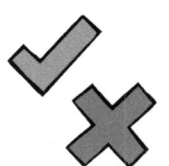

是/否
sí / no

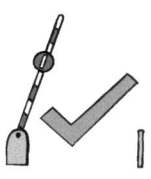

好的
ok

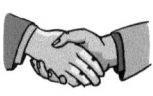

您好
hola

翻譯人員
intérprete

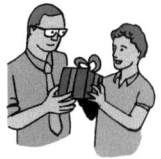

謝謝
gracias

……多少錢？

¿Cuánto cuesta…?

我不明白

No entiendo

問題

problema

晚上好！

¡Buenas tardes!

早上好！

¡Buenos días!

晚安！

¡Buenas noches!

再見

adiós

方向

dirección

行李

equipaje

包

bolso

背包

mochila

客人

invitado

房間

cuarto

睡袋

saco de dormir

帳篷

tienda de campaña

旅行資訊

información al turista

海灘

playa

信用卡

tarjeta de crédito

早餐

desayuno

午餐

almuerzo

晚餐

cena

票

pasaje

電梯

ascensor

郵票

sello

邊界

límite

海關

aduana

大使館

embajada

簽證

visa

護照

pasaporte

交通運送

transporte

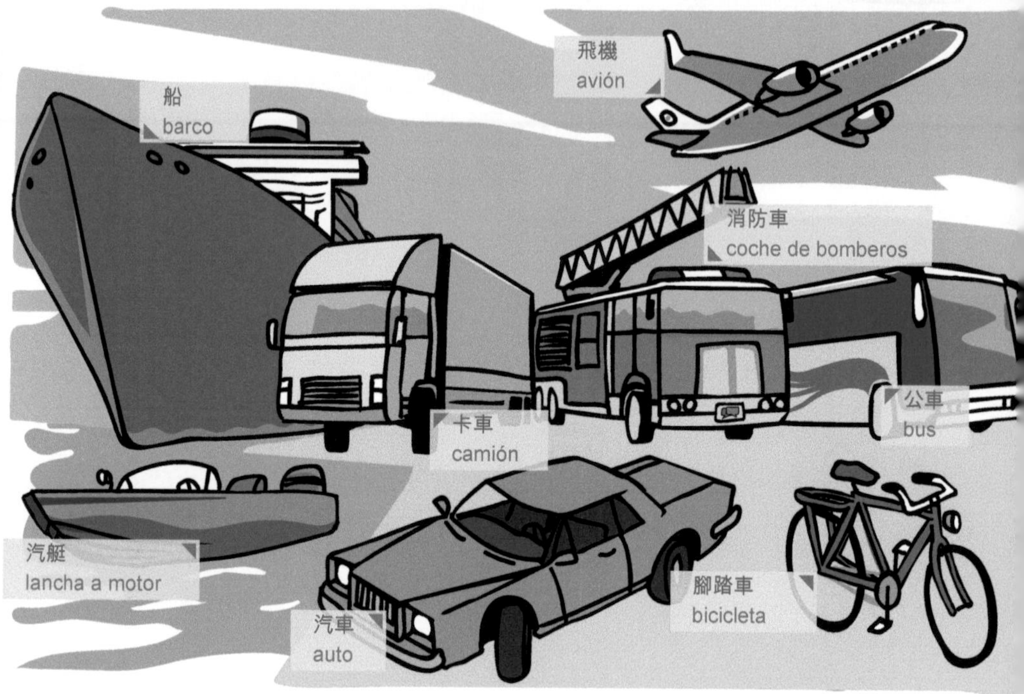
飛機
avión
船
barco
消防車
coche de bomberos
公車
bus
卡車
camión
汽艇
lancha a motor
腳踏車
bicicleta
汽車
auto

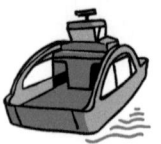

渡輪

balsa

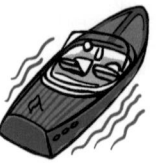

小船

lancha

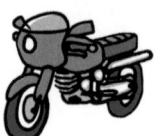

機車

motocicleta

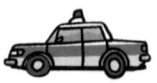

警車

auto de policía

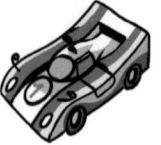

賽車

auto de carreras

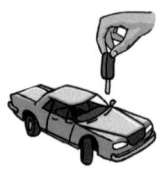

租車

auto de alquiler

拼車

alquiler de autos

拖車

grúa

垃圾車

vehículo recolector de basura

馬達

motor

汽油

gasolina

加油站

gasolinera

交通標識

señal de tráfico

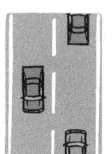

交通

tránsito

交通堵塞

atasco

停車場

estacionamiento

火車站

estación de tren

軌道

carril

火車

tren

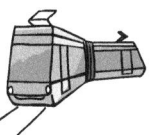

路面電車

tranvía

客車廂

vagón

直升機

helicóptero

機場

aeropuerto

塔

torre

乘客

pasajero

集裝箱

contenedor

紙板箱

caja de cartón

手推車

carro

籃子

cesta

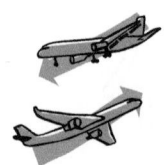

起飛/降落

despegar / aterrizar

城市

ciudad

村莊

aldea

市中心

centro de la ciudad

房子

casa

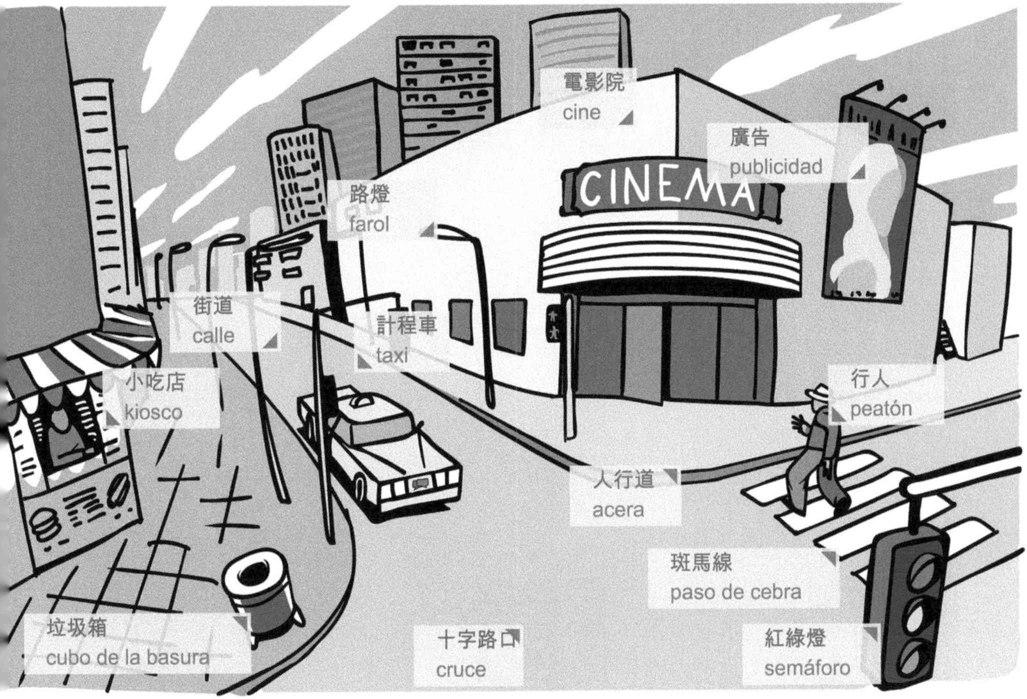

電影院
cine
廣告
publicidad
CINEMA
路燈
farol
街道
calle
計程車
taxi
小吃店
kiosco
行人
peatón
人行道
acera
斑馬線
paso de cebra
垃圾箱
cubo de la basura
十字路口
cruce
紅綠燈
semáforo

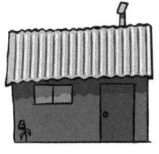

小屋

cabaña

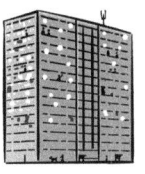

公寓

apartamento

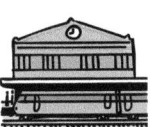

火車站

estación de tren

市政廳

ayuntamiento

MUSEUM

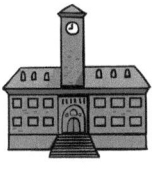

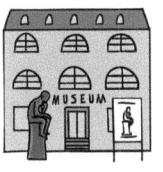

博物館

museo

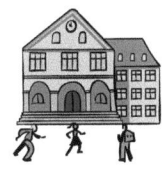

學校

escuela

大學
universidad

銀行
banco

醫院
hospital

飯店
hotel

藥房
farmacia

辦公室
oficina

書店
librería

商店
negocio

花店
florería

超市
supermercado

市場
mercado

百貨商店
grandes almacenes

魚店
pescadería

購物中心
centro comercial

海港
puerto

公園

parque

長凳

banco

橋

puente

樓梯

escalera

捷運

metro

隧道

túnel

公車站

parada de autobuses

酒吧

bar

餐館

restaurante

郵筒

buzón de correo

路標

letrero

停車計時器

parquímetro

動物園

zoológico

游泳池

piscina

清真寺

mezquita

農場

granja

污染

polución

墓地

cementerio

教堂

iglesia

操場

parque infantil

寺廟

templo

地形

paisaje

樹葉
hoja

指示牌
indicador de camino

路
sendero

草地
pradera

石頭
piedra

徒步旅行者
caminante

河
río

樹
árbol

草
pasto

花
flor

峡谷
valle

丘陵
montaña

湖
lago

森林
bosque

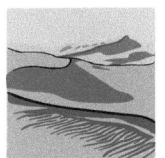

沙漠
desierto

火山
volcán

城堡
castillo

彩虹
arco iris

蘑菇
seta

棕櫚樹
palmera

蚊子
mosquito

蒼蠅
mosca

螞蟻
hormiga

蜜蜂
abeja

蜘蛛
araña

甲蟲

escarabajo

青蛙

rana

松鼠

ardilla

刺蝟

erizo

野兔

liebre

貓頭鷹

lechuza

鳥

pájaro

天鵝

cisne

野豬

jabalí

鹿

ciervo

麋鹿

alce

水壩

embalse

風力發電機

aerogenerador

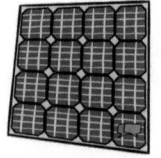

太陽能電池板

módulo solar

氣候

clima

餐館

restaurante

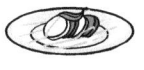

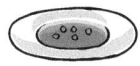

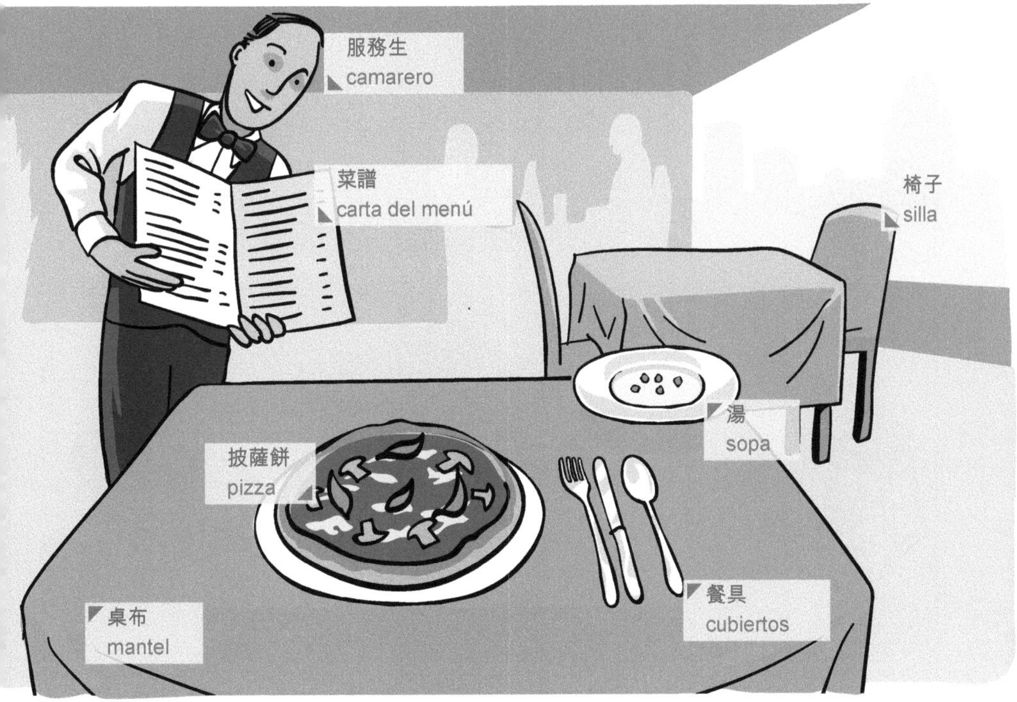

服務生
camarero
菜譜
carta del menú
椅子
silla
湯
sopa
披薩餅
pizza
餐具
cubiertos
桌布
mantel

前菜
entrada

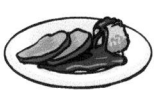

主菜
plato principal

甜點
postre

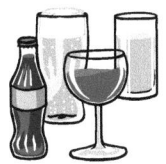

飲料
bebida

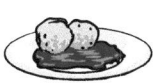

食物
comida

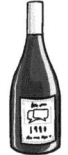

瓶子
botella

速食

comida rápida

街邊小吃

comida callejera

茶壺

tetera

糖盒

azucarera

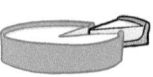

一份飯菜

porción

義式咖啡機

máquina de espresso

高腳椅

silla alta

帳單

factura

托盤

bandeja

刀

cuchillo

餐叉

tenedor

勺子

cuchara

茶匙

cuchara de té

餐巾

servilleta

玻璃杯

vaso

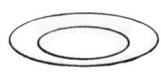

碟子
....
plato

湯盤
....
plato de sopa

碟子
....
platillo

醬
....
salsa

鹽瓶
....
salero

胡椒研磨罐
....
molinillo para pimienta

醋
....
vinagre

食用油
....
aceite

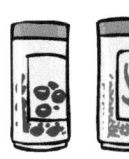

調味料
....
especias

番茄醬
....
ketchup

芥末
....
mostaza

美乃滋
....
mayonesa

超市

supermercado

特價
oferta
FOR
顧客
cliente
乳製品
productos lácteos
水果
fruta
購物車
carrito de compras

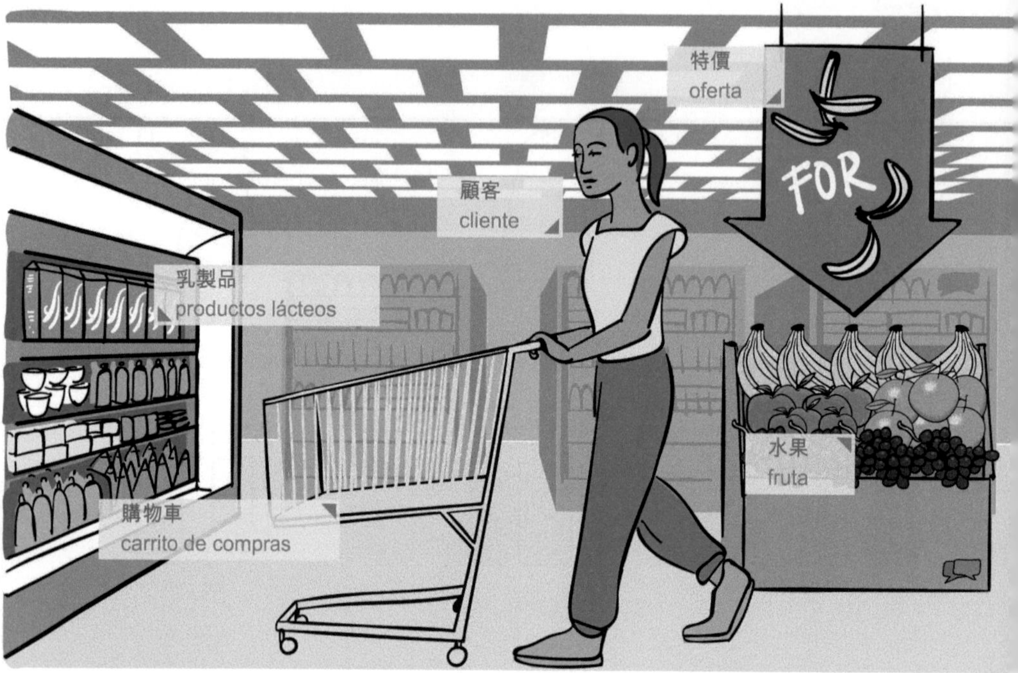

BUTCHERS

肉鋪

carnicería

BAKERY

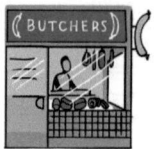

麵包店

panadería

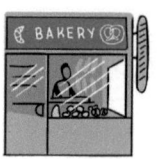

稱重

pesar

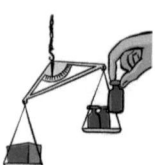

蔬菜

verdura

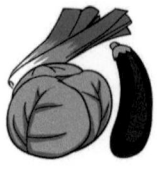

肉

carne

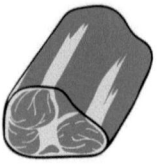

冷凍食品

alimentos congelados

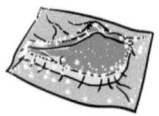

冷盤
fiambre

罐頭食品
conservas

洗衣粉
detergente en polvo

甜食
dulces

日用品
artículos domésticos

清潔用品
productos de limpieza

銷售員
vendedora

收銀機
caja

收銀員
cajero

購物清單
lista de compras

開放時間
horario de atención

錢包
cartera

信用卡
tarjeta de crédito

袋子
maleta

塑膠袋
bolsa plástica

水
agua

果汁
jugo

牛奶
leche

可樂
refresco de cola

紅酒
vino

啤酒
cerveza

酒
alcohol

可可
cacao

茶
té

咖啡
café

義式濃縮咖啡
espresso

卡布奇諾
cappuccino

香蕉

banana

蘋果

manzana

柳丁

naranja

西瓜

sandía

檸檬

limón

胡蘿蔔

zanahoria

大蒜

ajo

竹子

bambú

洋蔥

cebolla

蘑菇

seta

堅果

nueces

麵條

fideos

義大利麵

espagueti

米飯

arroz

沙拉

ensalada

薯條

patatas fritas

炸馬鈴薯

patatas salteadas

披薩餅

pizza

漢堡

hamburguesa

三明治

sándwich

炸豬排

escalope

火腿

jamón

義大利臘腸

salame

香腸

embutido

雞肉

pollo

烤肉

asado

魚

pescado

燕麥片

copos de avena

木斯里

musli

玉米片

copos de maíz tostado

麵粉

harina

牛角麵包

croissant

麵包捲

panecillo

麵包

pan

吐司

tostada

餅乾

galletas

奶油

mantequilla

凝乳

cuajada

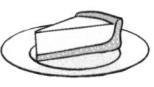

蛋糕

pastel

蛋

huevo

煎蛋

huevo frito

起司

queso

食物 - comida

25

冰淇淋

helado

糖

azúcar

蜂蜜

miel

果酱

mermelada

巧克力酱

praliné

咖哩

curry

農場
granja

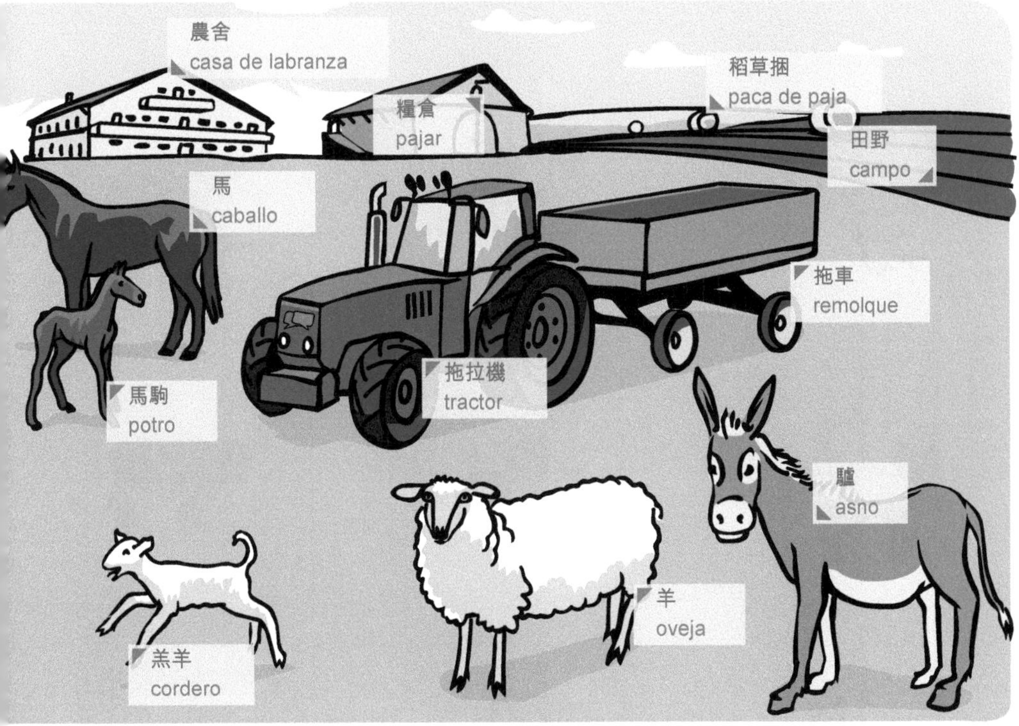
農舍
casa de labranza
稻草捆
paca de paja
糧倉
pajar
田野
campo
馬
caballo
拖車
remolque
拖拉機
tractor
馬駒
potro
驢
asno
羊
oveja
羔羊
cordero

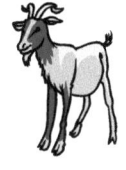

山羊

cabra

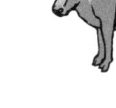

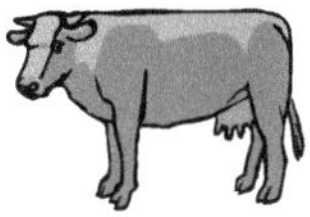

奶牛

vaca

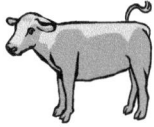

小牛

ternero

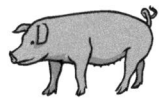

豬

cerdo

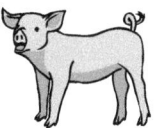

小豬

lechón

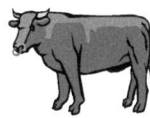

公牛

toro

鵝

ganso

鴨

pato

小雞

polluelo

母雞

pollo

公雞

gallo

鼠

rata

貓

gato

老鼠

ratón

牛

buey

狗

perro

狗屋

caseta del perro

花園澆水軟管

manguera de riego

澆水壺

regadera

長柄大鐮刀

guadaña

犁

arado

鐮刀

hoz

鋤頭

azada

長柄草耙

bieldo

斧頭

hacha

獨輪手推車

carretilla

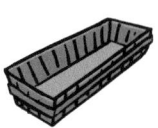

飼料槽

abrevadero

牛奶罐

lechera

麻布袋

saco

柵欄

cerca

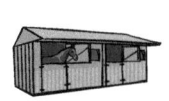

馬廄

establo

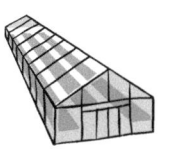

溫室

invernadero

土壤

suelo

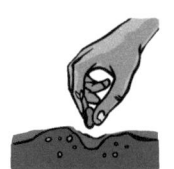

種子

semilla

肥料

fertilizante

聯合收割機

cosechadora

收割

cosechar

收割

cosecha

地瓜

raíz de ñame

小麥

trigo

大豆

soja

土豆

patata

玉米

maíz

油菜籽

colza

果樹

Árbol frutal

樹薯

mandioca

穀物

cereales

房子

casa

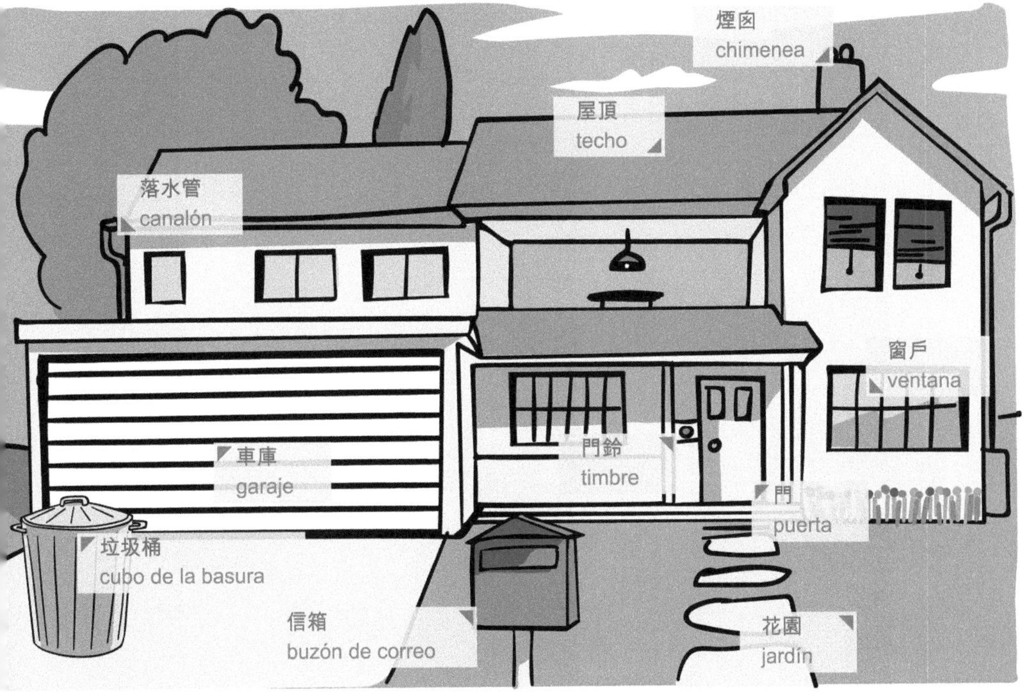

煙囪
chimenea
屋頂
techo
落水管
canalón
窗戶
ventana
車庫
garaje
門鈴
timbre
門
puerta
垃圾桶
cubo de la basura
信箱
buzón de correo
花園
jardín

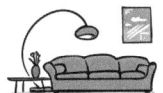

客廳

cuarto de estar

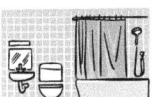

浴室

cuarto de baño

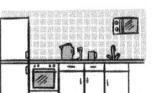

廚房

cocina

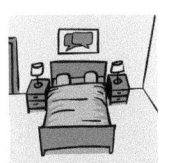

臥室

dormitorio

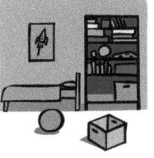

兒童房

cuarto de los niños

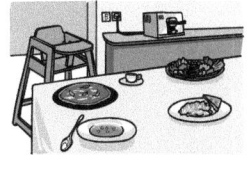

餐廳

comedor

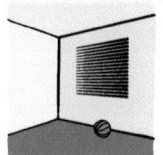

地板

piso

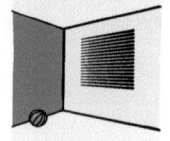

牆壁

pared

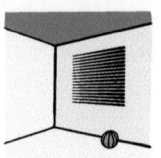

天花板

cielorraso

地窖

sótano

三溫暖

sauna

陽臺

balcón

露臺

terraza

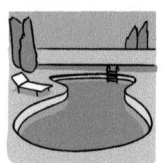

游泳池

piscina

割草機

cortacésped

被單

funda nórdica

床罩

edredón

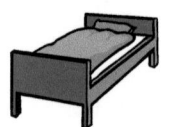

床

cama

掃帚

escoba

水桶

cubo

開關

interruptor

客廳

cuarto de estar

壁紙
papel para empapelar
相片
imagen
檯燈
lámpara
擱架
estante
櫥櫃
gabinete
電視
televisor
壁爐
hogar
花
flor
墊子
cojín
沙發
sofá
花瓶
florero
遙控器
control remoto

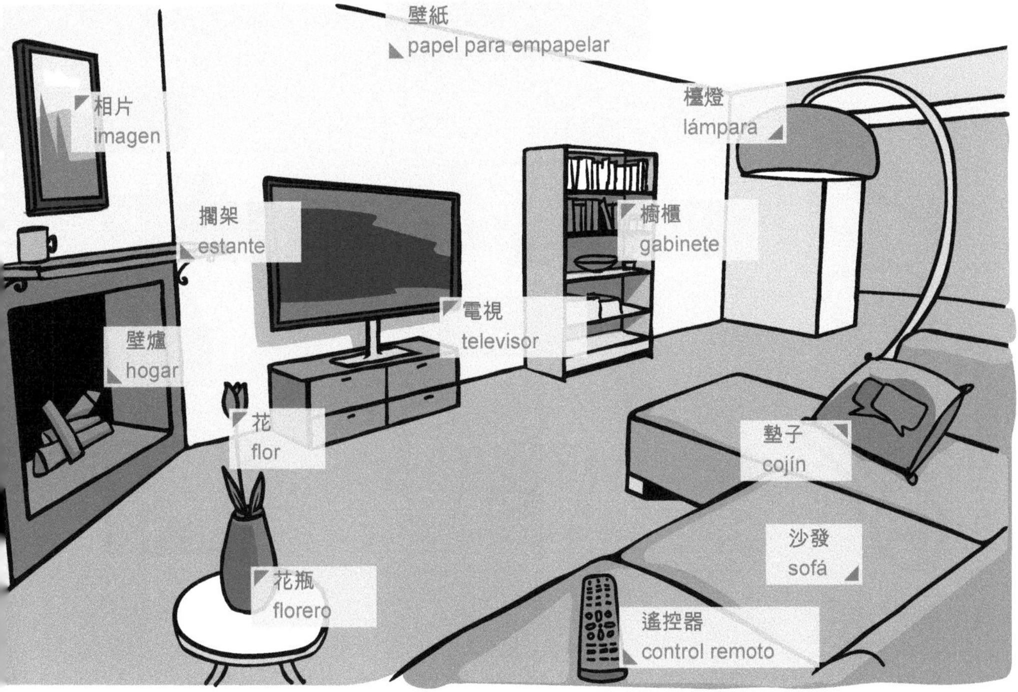

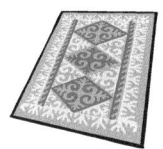

地毯

alfombra

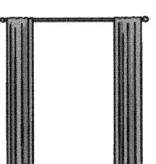

窗簾

cortina

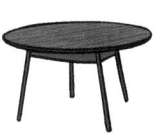

餐桌

mesa

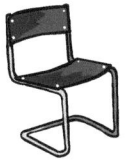

椅子

silla

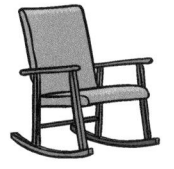

搖椅

mecedora

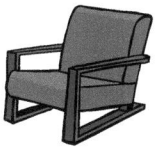

扶手椅

sillón

書
libro

毯子
frazada

裝飾品
decoración

木柴
leña

電影
film

高傳真音響
equipo estereofónico

鑰匙
llave

報紙
periódico

油畫
cuadro

海報
póster

收音機
radio

筆記本
bloc de notas

吸塵器
aspiradora

仙人掌
cactus

蠟燭
vela

廚房
cocina

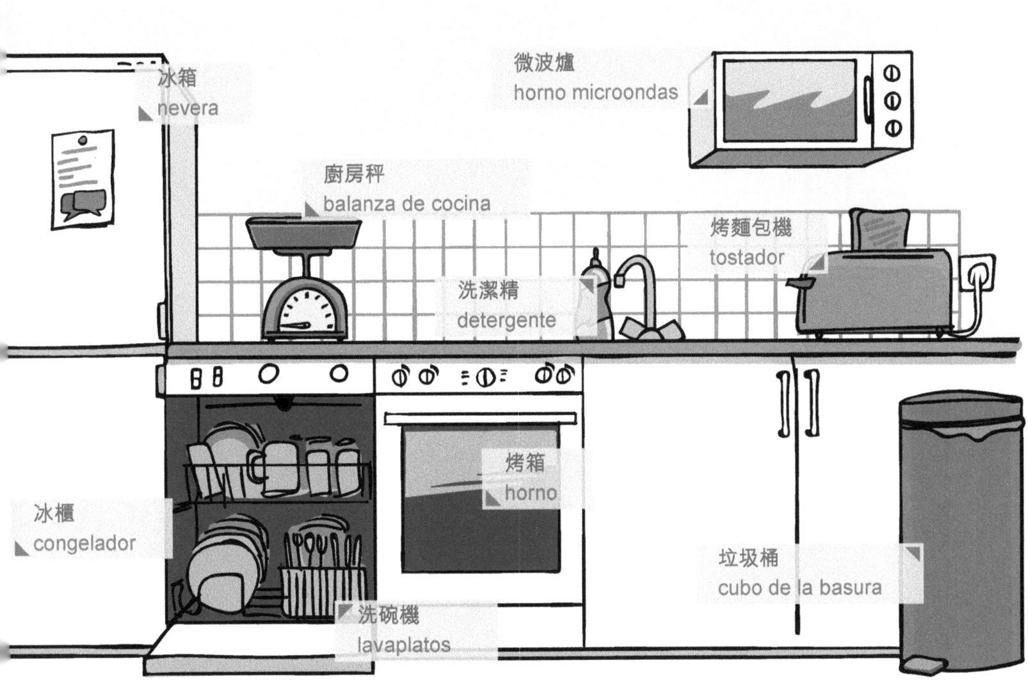

冰箱
nevera
微波爐
horno microondas
廚房秤
balanza de cocina
烤麵包機
tostador
洗潔精
detergente
烤箱
horno
冰櫃
congelador
垃圾桶
cubo de la basura
洗碗機
lavaplatos

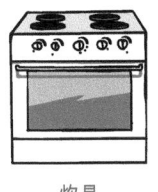

炊具
cocina

鍋
olla

鑄鐵鍋
olla de fundición de hierro

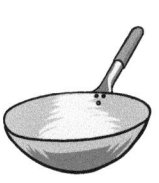

炒鍋
wok / kadai

平底鍋
sartén

水壺
hervidor de agua

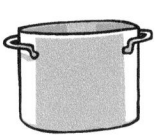

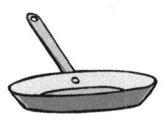

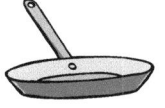

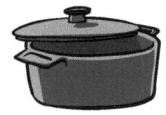

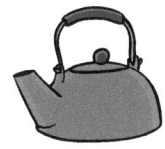

蒸鍋

olla de vapor

烤盤

bandeja de horno

陶瓷鍋

vajilla

馬克杯

vaso

碗

bol

筷子

palillos para comer

長柄勺

cucharón de sopa

鏟子

espátula

攪拌器

batidor

濾網

colador

篩子

cedazo

磨碎機

rallador

研缽

mortero

燒烤

parrillada

明火

fogata

菜板

tabla de picar

擀麵杖

rodillo

開瓶器

sacacorchos

罐子

lata

開罐器

abrelatas

隔熱手套

agarrador

水槽

fregadero

刷子

cepillo

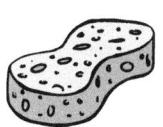

海綿

esponja

攪拌機

batidora

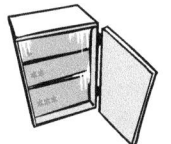

冷藏箱

arcón congelador

奶瓶

biberón

水龍頭

grifo

浴室

cuarto de baño

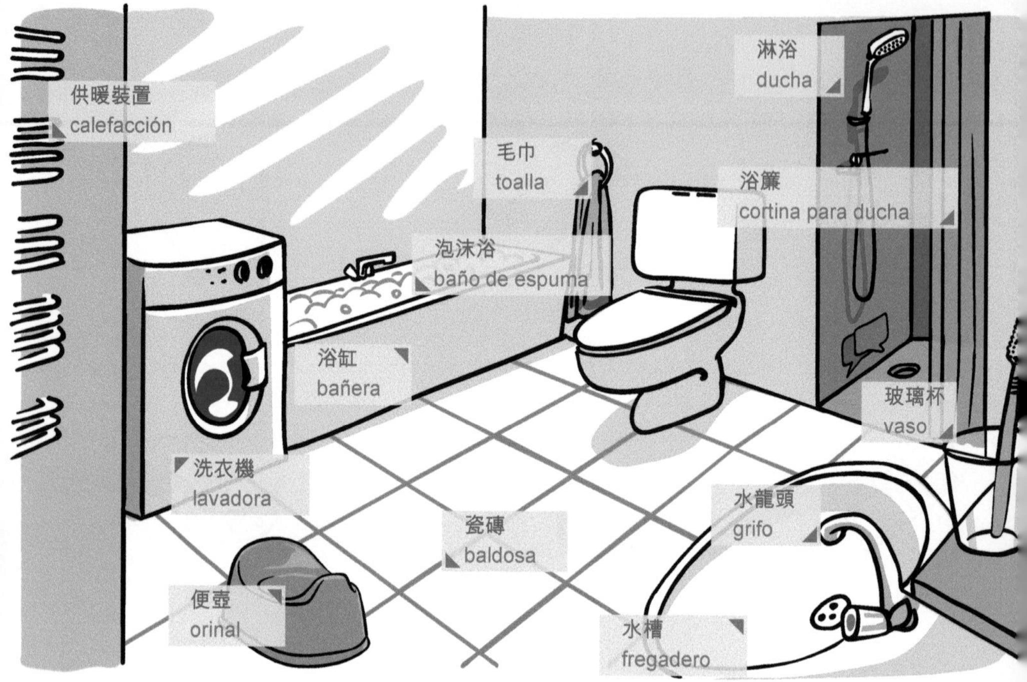

供暖裝置
calefacción
淋浴
ducha
毛巾
toalla
浴簾
cortina para ducha
泡沫浴
baño de espuma
浴缸
bañera
玻璃杯
vaso
洗衣機
lavadora
水龍頭
grifo
瓷磚
baldosa
便壺
orinal
水槽
fregadero

廁所

cuarto de baño

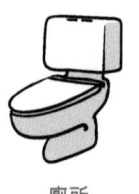

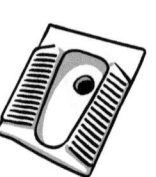

蹲便器

placa turca

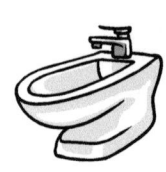

坐浴器

bidé

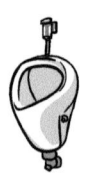

小便斗

urinario

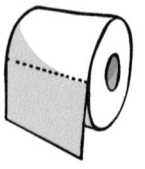

廁紙

papel higiénico

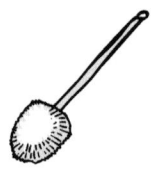

馬桶刷

escobilla para el cuarto de baño

牙刷

cepillo de dientes

牙膏

pasta dentífrica

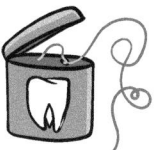

牙線

seda dental

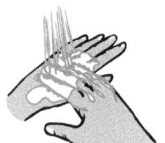

洗

lavar

手持式蓮蓬頭

ducha teléfono

沖洗器

ducha higiénica

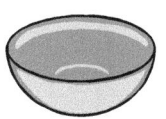

洗臉盆

cuenco

洗背刷

cepillo para la espalda

肥皂

jabón

沐浴露

gel de ducha

洗髮乳

champú

法蘭絨

manopla para baño

排水

desagüe

乳霜

crema

除臭劑

desodorante

浴室 - cuarto de baño

鏡子

espejo

手鏡

espejo de maquillaje

刮鬍刀

máquina de afeitar

刮鬍泡沫

espuma de afeitar

鬍後水

loción para después del
afeitado

梳子

peine

刷子

cepillo

吹風機

secador para cabello

噴髮定型劑

laca de peinado

化妝品

maquillaje

唇膏

lápiz labial

指甲油

laca para uñas

化妝棉

algodón

指甲剪

tijera para uñas

香水

perfume

洗漱包

neceser

凳子

taburete

計重秤

balanza

浴袍

bata de baño

橡膠手套

guantes de goma

衛生棉條

tampón

衛生棉

compresa

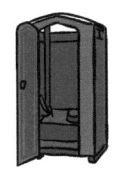

化學廁所

wáter químico

兒童房

cuarto de los niños

鬧鐘
despertador
毛絨玩具
animal de peluche
玩具車
auto de juguete
撥浪鼓
sonajero
玩具屋
casa de muñecas
禮物
obsequio

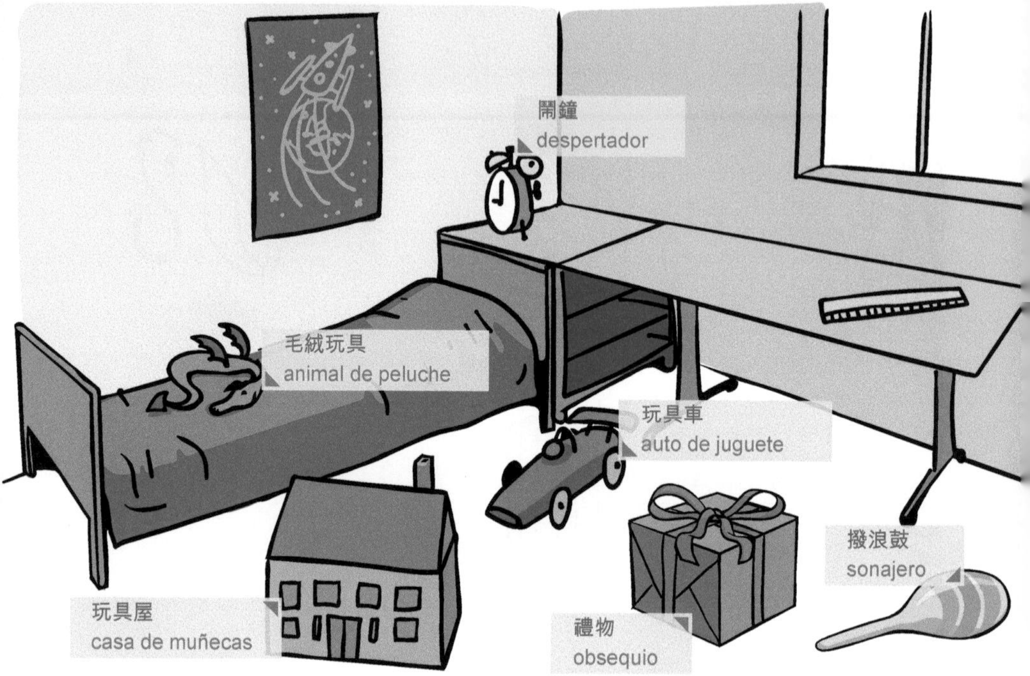

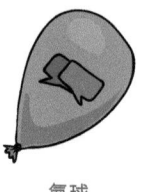

氣球

globo

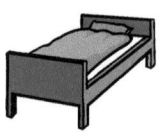

床

cama

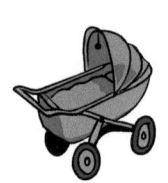

嬰兒車

cochecito para niños

撲克牌

juego de barajas

拼圖

rompecabezas

SUPER MEGA

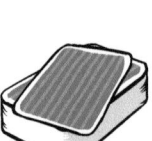

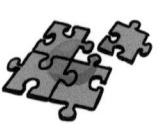

漫畫

cómic

樂高積木

piezas de Lego

積木玩具

bloques para jugar

公仔

figura de acción

嬰兒服

pijama de una pieza

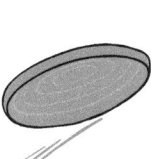

飛盤

frisbee

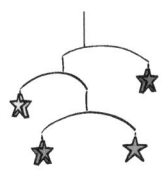

床鈴玩具

móvil

棋盤遊戲

juego de mesa

骰子

dado

火車模型

tren eléctrico a escala

安撫奶嘴

chupete

派對

fiesta

繪本

libro de dibujos

球

pelota

洋娃娃

títere

玩

jugar

沙坑

arenero

鞦韆

columpio

玩具

juguetes

電玩遊戲

consola de videojuego

三輪車

triciclo

泰迪熊

osito de peluche

衣櫃

guardarropa

衣服

vestimenta

襪子

calcetines

長襪

medias

緊身褲

panti

圍巾
chal

雨傘
paraguas

T恤
camiseta

皮帶
cinturón

靴子
botas

拖鞋
zapatilla

運動鞋
deportivas

涼鞋
sandalias

鞋
zapatos

雨靴
botas de goma

內褲
ropa interior

胸罩
corpiño

背心
camiseta

衣服 - vestimenta

身體
body

褲子
pantalón

牛仔褲
jeans

短裙
falda

女式襯衫
blusa

襯衫
camisa

套頭衫
pullover

連帽上衣
sweater

西裝夾克
blazer

夾克
chaqueta

外套
abrigo

雨衣
impermeable

套裝
traje chaqueta

連衣裙
vestido

婚紗
vestido de bodas

西裝

traje

睡袍

camisón

睡衣

pijama

莎麗

sari

頭巾

pañuelo de cabeza

包頭巾

turbante

波卡

burka

卡夫坦

caftán

(阿拉伯式)長袍

abaya

泳衣

traje de baño

男式泳褲

bañador

短褲

shorts

運動服

chándal

圍裙

delantal

手套

guante

鈕扣

botón

眼鏡

gafa

手鏈

brazalete

項鍊

cadena

戒指

anillo

耳環

aro

便帽

gorra

衣架

percha

帽子

sombrero

領帶

corbata

拉鍊

cierre a cremallera

安全帽

casco

背帶

tiradores

校服

uniforme escolar

制服

uniforme

衣服 - vestimenta

圍兜
babero

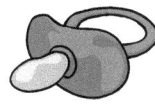

安撫奶嘴
chupete

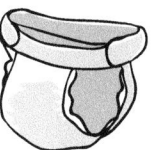

尿布
pañal

辦公室
oficina

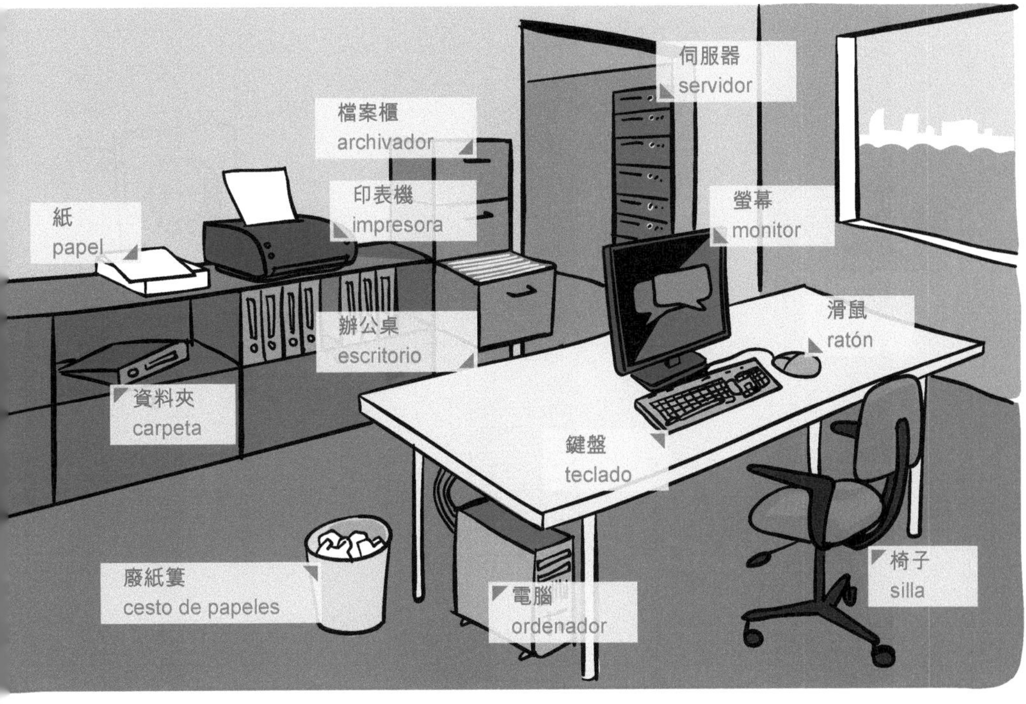

伺服器
servidor

檔案櫃
archivador

印表機
impresora

螢幕
monitor

紙
papel

辦公桌
escritorio

滑鼠
ratón

資料夾
carpeta

鍵盤
teclado

廢紙簍
cesto de papeles

椅子
silla

電腦
ordenador

咖啡杯
taza de café

計算機
calculadora

網際網路
internet

筆記型電腦
laptop

信件
carta

簡訊
mensaje

行動電話
teléfono móvil

網路
red

影印機
fotocopiadora

軟體
software

電話
teléfono

插座
tomacorriente

傳真機
máquina de fax

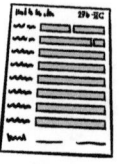

表格
formulario

檔案
documento

買

comprar

付錢

pagar

交易

comerciar

現金

dinero

美元

dólar

歐元

euro

日元

yen

盧布

rublo

瑞士法郎

franco

人民幣

renminbi

盧比

rupia

提款處

cajero automático

外幣兌換處

casa de cambio

金

oro

銀

plata

石油

petróleo

能源

energía

價格

precio

合約

contrato

稅金

impuesto

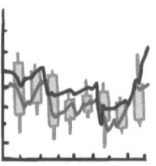

股票

acción

工作

trabajar

職員

empleado

老闆

empleador

工廠

fábrica

商店

negocio

ocupaciones

警官
policía

消防員
bombero

廚師
cocinero

醫師
médico

飛行員
piloto

園丁

jardinero

木匠

carpintero

裁縫

costurera

法官

juez

化學家

químico

演員

actor

公車司機

conductor de autobús

計程車司機

taxista

漁夫

pescador

清洗女工

mujer de la limpieza

屋頂工

techista

服務生

camarero

獵人

cazador

畫家

pintor

麵包師

panadero

電工

electricista

建築工人

albañil

工程師

ingeniero

屠夫

carnicero

水管工

fontanero

郵差

cartero

士兵
soldado

建築師
arquitecto

收銀員
cajero

花農
florista

理髮師
peluquero

售票員
cobrador

機械技師
mecánico

船長
capitán

牙醫
odontólogo

科學家
científico

拉比
rabino

伊瑪目
imam

和尚
monje

牧師
párroco

工具
herramientas

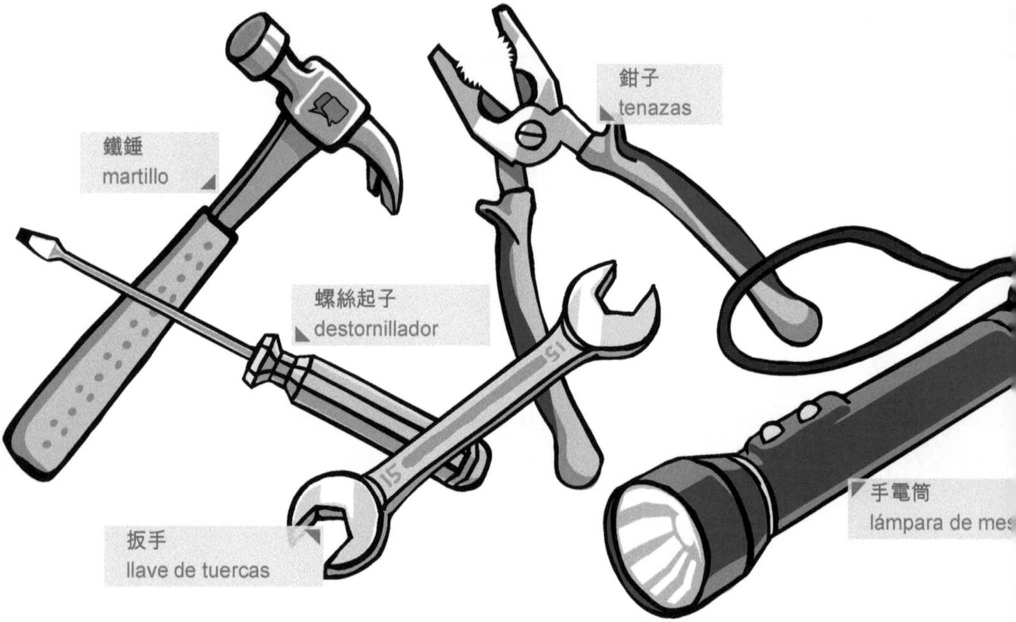

鐵錘
martillo
鉗子
tenazas
螺絲起子
destornillador
扳手
llave de tuercas
手電筒
lámpara de mes

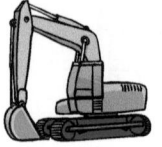

挖掘機
excavadora

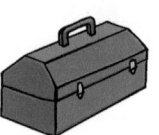

工具箱
caja de herramientas

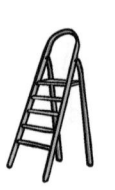

梯子
escalerilla

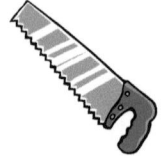

鋸子
serrucho

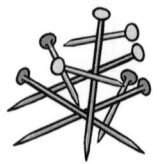

釘子
clavos

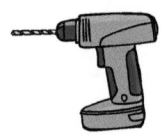

鑽機
taladro

修
....
reparar

鏟子
....
pala

糟糕！
....
¡Maldición!

畚箕
....
recogedor

油漆桶
....
lata de pintura

螺絲
....
tornillos

樂器

instrumentos musicales

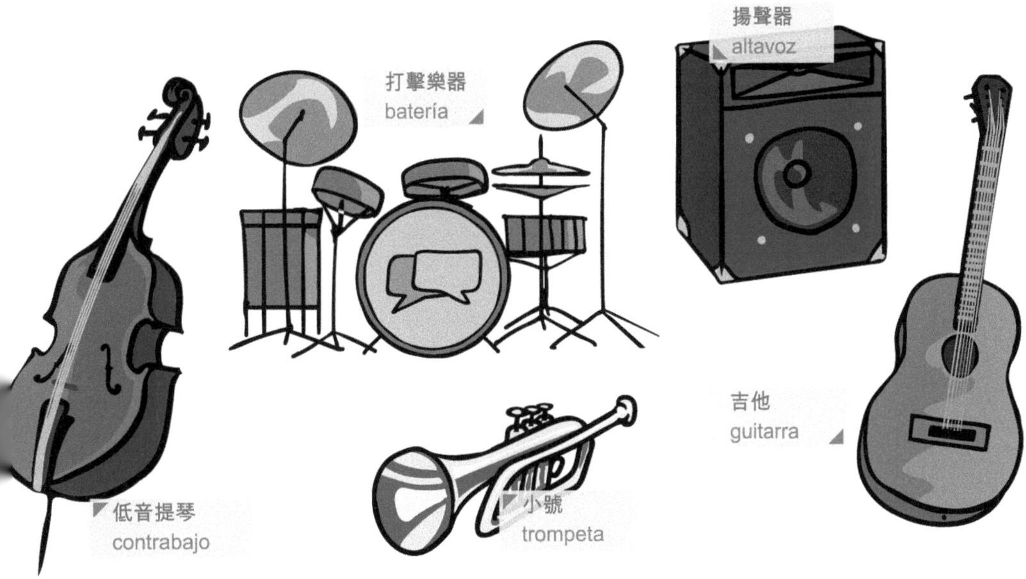

打擊樂器
batería

揚聲器
altavoz

吉他
guitarra

低音提琴
contrabajo

小號
trompeta

鋼琴

piano

小提琴

violín

貝斯

bajo

定音鼓

timbales

鼓

tambor

電子琴

teclado

薩克斯風

saxofón

長笛

flauta

麥克風

micrófono

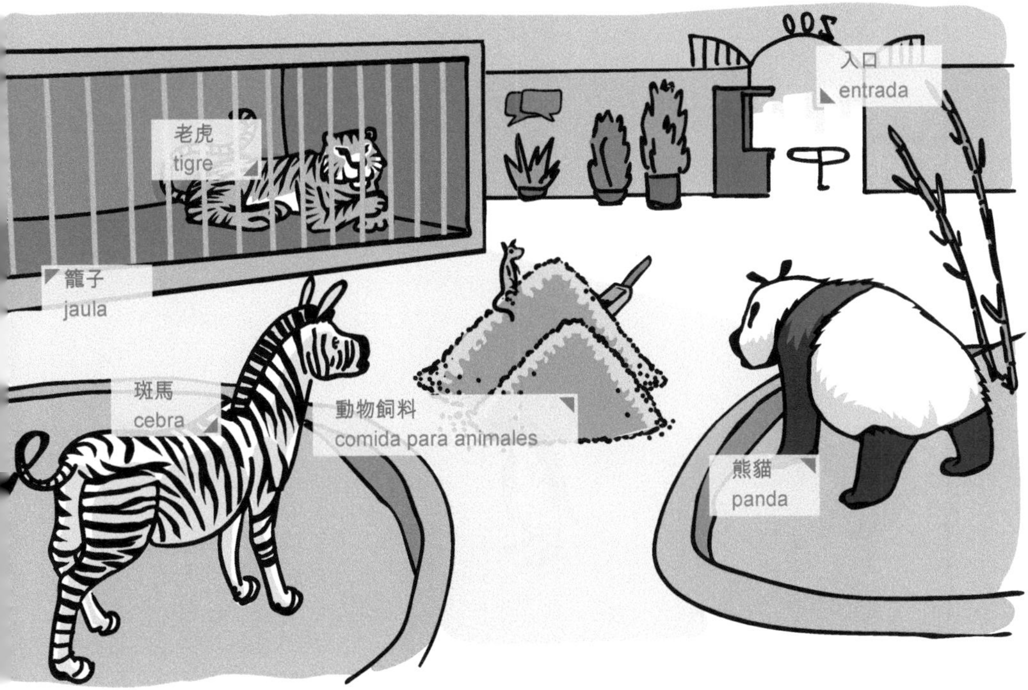
zoo
入口
entrada
老虎
tigre
籠子
jaula
斑馬
cebra
動物飼料
comida para animales
熊貓
panda

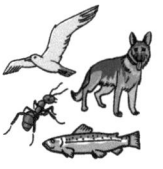

動物
animales

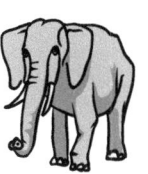

大象
elefante

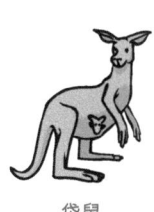

袋鼠
canguro

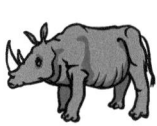

犀牛
rinoceronte

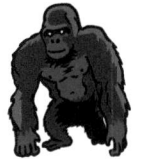

大猩猩
gorila

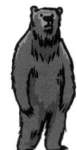

熊
oso

駱駝

camello

鴕鳥

avestruz

獅子

león

猴子

mono

紅鶴

flamengo

鸚鵡

papagayo

北極熊

oso polar

企鵝

pingüino

鯊魚

tiburón

孔雀

pavo real

蛇

serpiente

鱷魚

cocodrilo

動物園管理員

cuidador del zoológico

海豹

foca

美洲豹

jaguar

矮種馬
pony

豹
leopardo

河馬
hipopótamo

長頸鹿
jirafa

老鷹
águila

野豬
jabalí

魚
pescado

龜
tortuga

海象
morsa

狐狸
zorro

羚羊
gacela

橄欖球
fútbol americano

騎腳踏車
ciclismo

網球
tenis

籃球
baloncesto

游泳
natación

拳擊
boxeo

冰球
hockey sobre hielo

美式足球
fútbol

羽毛球
badminton

田徑
atletismo

手球
balonmano

滑雪
esquí

馬球
polo

跳
saltar

擁抱
abrazar

笑
reír

走路
caminar

唱
cantar

祈禱
rezar

親吻
besar

做夢
soñar

書寫
escribir

畫
dibujar

展示
mostrar

推
presionar

給
dar

拿
tomar

有
tener

做
hacer

當
ser

站
estar de pie

跑
correr

拉
tirar

丟
arrojar

摔倒
caer

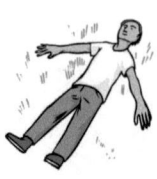

躺
estar acostado

等待
esperar

攜帶
llevar

坐
estar sentado

穿衣
vestirse

睡覺
dormir

醒來
despertar

看
mirar

哭
llorar

擊
acariciar

梳頭
peinarse

交談
conversar

明白
entender

問
preguntar

聽
oír

喝
beber

吃
comer

清理
asear

愛
amar

做飯
cocinar

開車
conducir

飛
volar

活動 - actividades

航行

navegar

計算

calcular

讀

leer

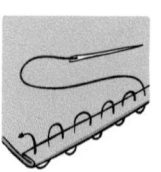

學習

aprender

工作

trabajar

結婚

casarse

縫

coser

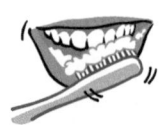

刷牙

limpiarse los dientes

殺

matar

抽菸

fumar

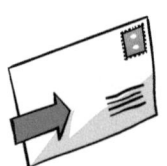

寄

enviar

祖母
abuela

祖父
abuelo

父親
padre

母親
madre

嬰兒
bebé

女兒
hija

兒子
hijo

客人
invitado

阿姨
tía

叔叔
tío

兄弟
hermano

姐妹
hermana

身體

cuerpo

前額
frente
眼睛
ojo
肩膀
hombro
手指
dedo
臉
cara
下巴
barbilla
手
mano
腿
pierna
乳房
pecho
手臂
brazo

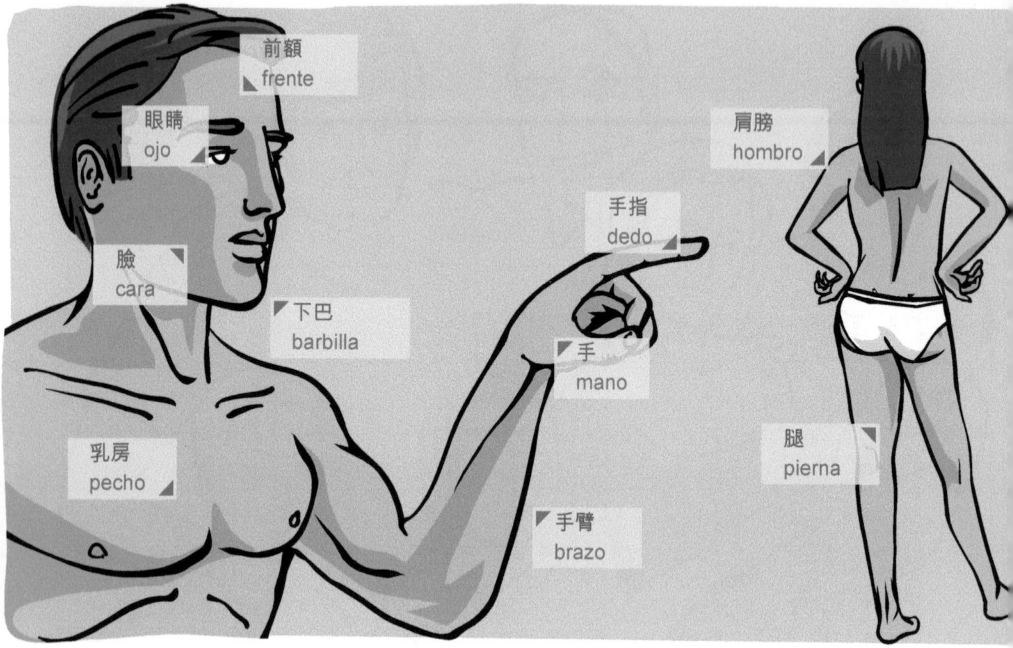

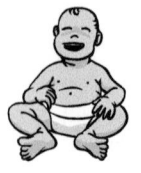

嬰兒
bebé

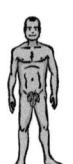

男人
hombre

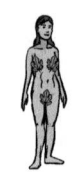

女人
mujer

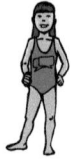

女孩
muchacha

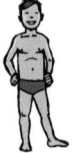

男孩
joven

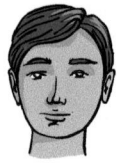

頭
cabeza

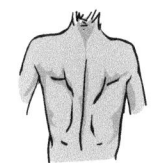

背部

espalda

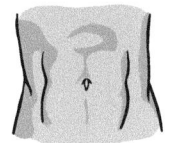

肚子

vientre

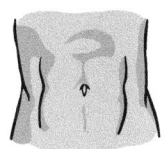

肚臍

ombligo

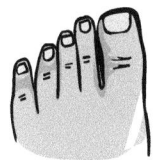

腳趾

dedo del pie

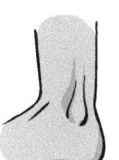

腳後跟

talón

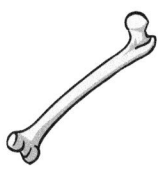

骨頭

hueso

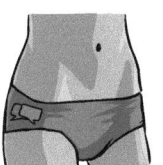

臀部

cadera

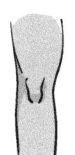

膝蓋

rodilla

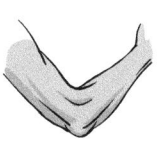

手肘

codo

鼻子

nariz

屁股

trasero

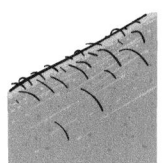

皮膚

piel

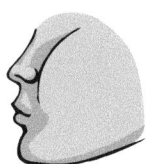

臉頰

mejilla

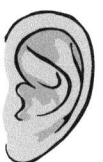

耳朵

oreja

嘴唇

labio

身體 - cuerpo

嘴
boca

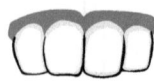

牙齒
diente

舌頭
lengua

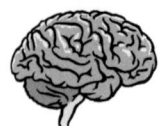

腦
cerebro

心臟
corazón

肌肉
músculo

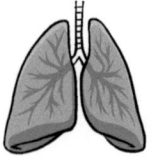

肺
pulmón

肝臟
hígado

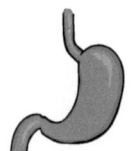

胃
estómago

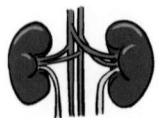

腎臟
riñones

性交
relación sexual

保險套
condón

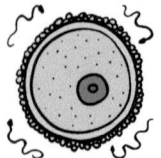

卵子
Óvulo

精子
esperma

懷孕
embarazo

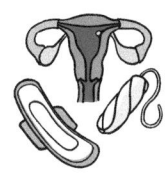

月事

menstruación

陰道

vagina

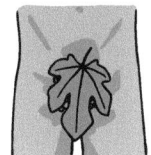

陰莖

pene

眉毛

ceja

頭髮

cabello

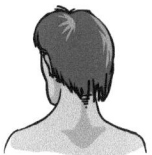

脖子

cuello

醫院
hospital

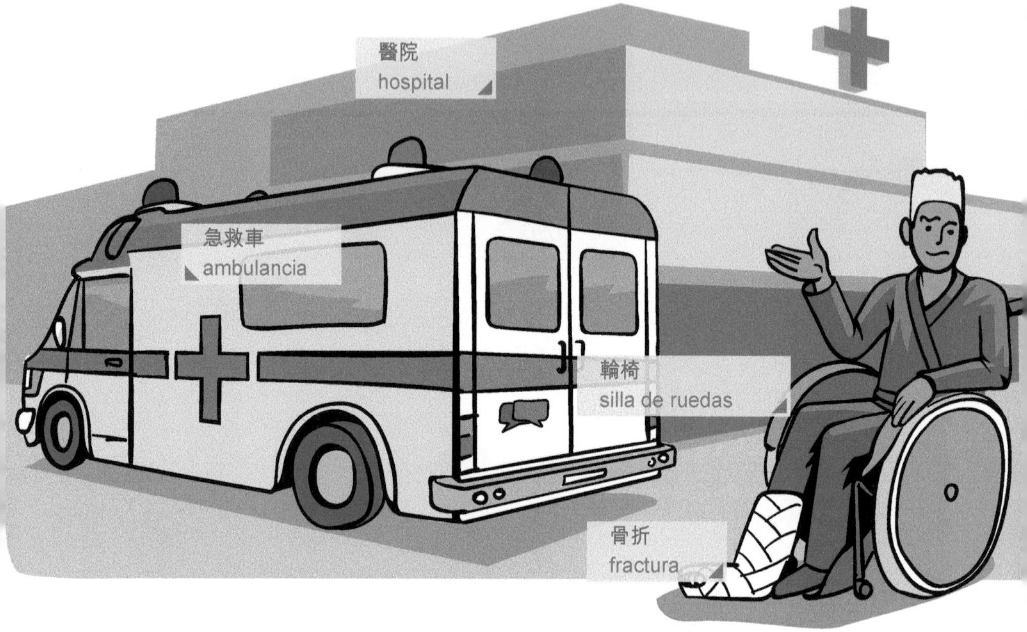

醫院
hospital

急救車
ambulancia

輪椅
silla de ruedas

骨折
fractura

醫師

médico

急診室

admisión de urgencia

護理師

enfermera

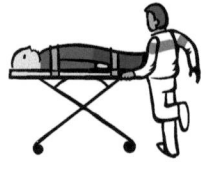

緊急情形

emergencia

昏迷

inconsciente

痛

dolor

受傷

lesión

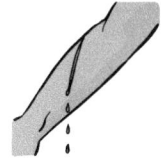

出血

hemorragia

心臟病發作

infarto de miocardio

中風

apoplejía cerebral

過敏

alergia

咳嗽

tos

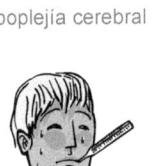

發燒

fiebre

流感

gripe

腹瀉

diarrea

頭痛

dolor de cabeza

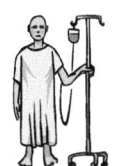

癌症

cáncer

糖尿病

diabetes

外科醫師

cirujano

手術刀

escalpelo

手術

operación

電腦斷層掃描
TC

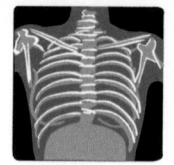

X光
rayos X

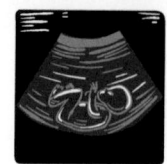

超音波
ultrasonido

口罩
máscara

疾病
enfermedad

候診室
sala de espera

拐杖
muleta

石膏
emplasto

繃帶
vendaje

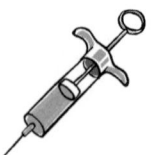

注射
inyección

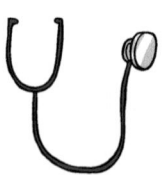

聽診器
estetoscopio

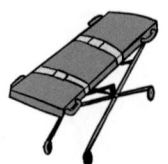

擔架
camilla

體溫計
termómetro

出生
nacimiento

超重
sobrepeso

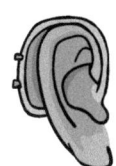

助聽器

audífono

消毒液

desinfectante

感染

infección

病毒

virus

愛滋病

VIH / SIDA

藥物

medicina

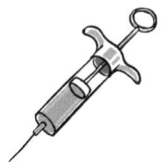

接種疫苗

vacunación

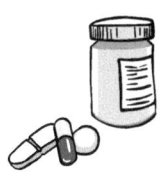

藥片

comprimido

藥丸

píldora anticonceptiva

急救電話

llamada de emergencia

血壓計

medidor de presión arterial

生病/健康

enfermo / saludable

救命！

¡Ayuda!

警報

alarma

突擊

asalto

攻擊

ataque

危險

peligro

緊急出口

salida de emergencia

失火了！

¡Fuego!

滅火器

extintor

意外

accidente

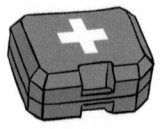

急救箱

kit de primeros auxilios

呼救訊號

SOS

員警

Policía

歐洲

Europa

北美洲

América del Norte

南美洲

América del Sur

非洲

África

亞洲

Asia

澳洲

Australia

大西洋

Atlántico

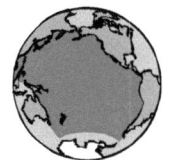

太平洋

Pacífico

印度洋

Océano Índico

南冰洋

Océano Antártico

北冰洋

Océano Ártico

北極

Polo Norte

南極
Polo Sur

南極洲
Antártida

地球
Tierra

陸地
país

海
mar

島
isla

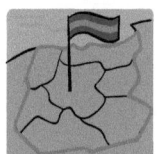

國家
nación

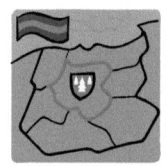

州
Estado

錶盤

cuadrante

時針

horario

分針

minutero

秒針

segundero

現在幾點？

¿Qué hora es?

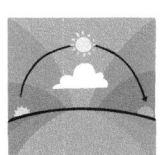

天

día

時間

tiempo

現在

ahora

電子錶

reloj digital

分

minuto

時

hora

semana

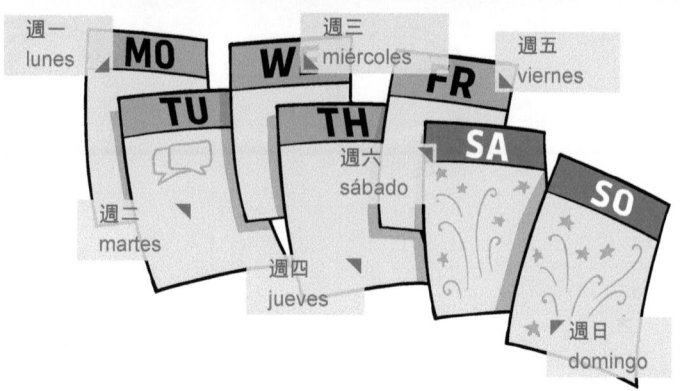

週一 lunes
週三 miércoles
週五 viernes
週二 martes
週四 jueves
週六 sábado
週日 domingo

昨天
ayer

今天
hoy

明天
mañana

早晨
mañana

中午
mediodía

晚上
tarde

MO	TU	WE	TH	FR	SA	SU
1	2	3	4	5	6	7
8	9	10	11	12	13	14
15	16	17	18	19	20	21
22	23	24	25	26	27	28
29	30	31	1	2	3	4

工作日
jornada de trabajo

MO	TU	WE	TH	FR	SA	SU
1	2	3	4	5	6	7
8	9	10	11	12	13	14
15	16	17	18	19	20	21
22	23	24	25	26	27	28
29	30	31	1	2	3	4

週末
fin de semana

年

año

雨
lluvia
彩虹
arco iris
雪
nieve
風
viento
春
primavera
秋
otoño
夏
verano
冬
invierno

4.APRIL 11°
5.APRIL 4°
6.APRIL 13°
7.APRIL 8°
8.APRIL 10°

天氣預告

pronóstico meteorológico

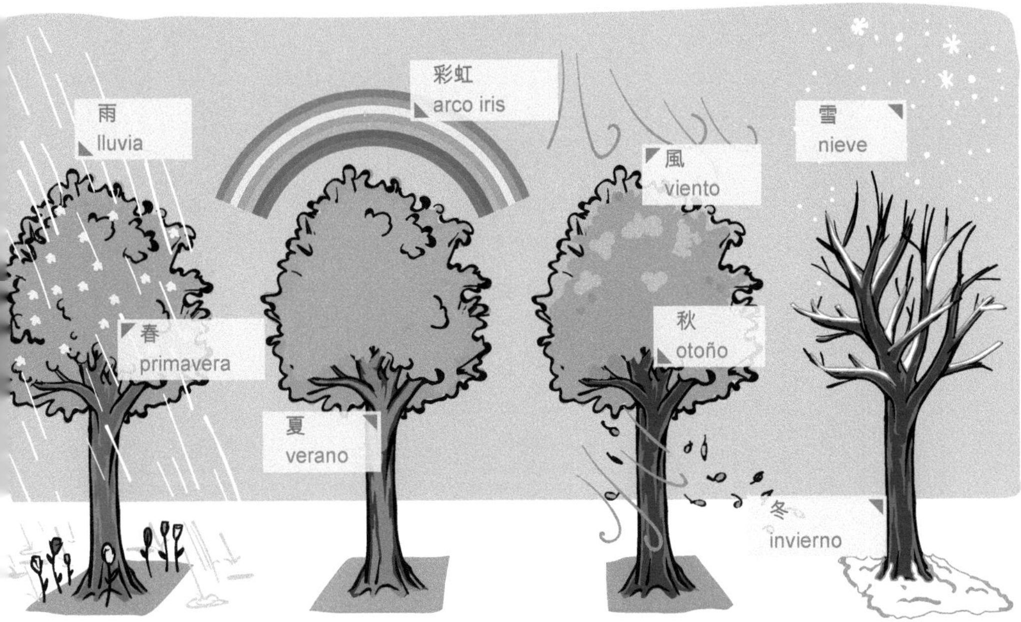

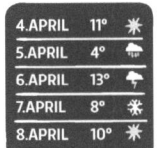

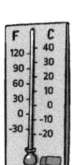

F C
120 40
90 30
60 20
30 10
0 0
-30 -10
-20

溫度計

termómetro

陽光

luz solar

雲

nube

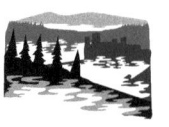

霧

niebla

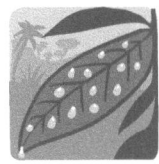

潮濕

humedad ambiente

閃電

relámpago

打雷

trueno

風暴

tormenta

冰雹

granizo

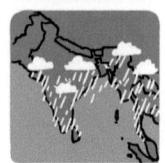

季風

monzón

洪水

inundación

冰

hielo

一月

enero

二月

febrero

三月

marzo

四月

abril

五月

mayo

六月

junio

七月

julio

八月

agosto

年 - año

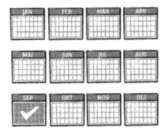

九月

septiembre

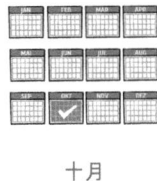

十月

octubre

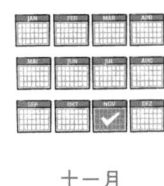

十一月

noviembre

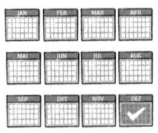

十二月

diciembre

形狀

formas

圓形

círculo

正方形

cuadrado

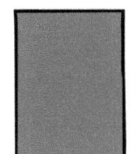

長方形

rectángulo

三角形

triángulo

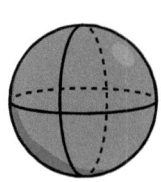

球體

esfera

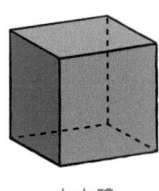

立方體

cubo

形狀 - formas

白
....
blanco

黃
....
amarillo

橙
....
anaranjado

粉
....
rosa

紅
....
rojo

紫
....
lila

藍
....
azul

綠
....
verde

棕
....
marrón

灰
....
gris

黑
....
negro

很多/少許

mucho / poco

生氣/平靜

enojado / calmado

美/醜

bonito / feo

首/尾

comienzo / fin

大/小

grande / pequeño

明/暗

claro / oscuro

兄弟/姐妹

hermano / hermana

乾淨/骯髒

limpio / sucio

完整/缺失

completo / incompleto

白天/晚上

día / noche

死/生

muerto / vivo

寬/窄

ancho / angosto

可食用/非食用

disfrutable / no disfrutable

邪惡/善良

malo / amigable

興奮/無聊

excitado / aburrido

胖/瘦

gordo / delgado

第一/最後

primero / último

朋友/敵人

amigo / enemigo

滿/空

lleno / vacío

硬/軟

duro / suave

重/輕

pesado / liviano

餓/渴

hambre / sed

生病/健康

enfermo / saludable

非法/合法

ilegal / legal

聰明/愚笨

inteligente / tonto

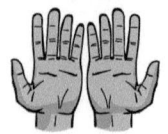

左/右

izquierda / derecha

近/遠

cercano / lejano

新/舊

nuevo / usado

沒有/有些

nada / algo

老/幼

viejo / joven

開/關

encendido / apagado

打開/闔上

abierto / cerrado

安靜/吵鬧

bajo / fuerte

富/窮

rico / pobre

對/錯

correcto / incorrecto

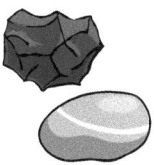

粗糙/光滑

áspero / liso

傷心/高興

triste / alegre

短/長

breve / extenso

慢/快

lento / veloz

濕/乾

mojado / seco

溫暖/涼爽

caliente / frío

戰爭/和平

guerra / paz

0

零

cero

1

一

uno

2

二

dos

3

三

tres

4

四

cuatro

5

五

cinco

6

六

seis

7

七

siete

8

八

ocho

9

九

nueve

10

十

diez

11

十一

once

12
十二
doce

13
十三
trece

14
十四
catorce

15
十五
quince

16
十六
dieciséis

17
十七
diecisiete

18
十八
dieciocho

19
十九
diecinueve

20
二十
veinte

100
百
cien

1.000
千
mil

1.000.000
百萬
millón

英語

inglés

美式英語

inglés estadounidense

普通話

chino mandarín

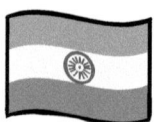

印地語

hindi

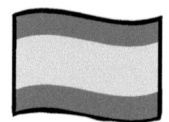

西班牙語

español

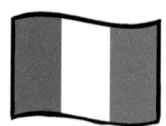

法語

francés

阿拉伯語

árabe

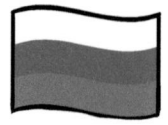

俄語

ruso

葡萄牙語

portugués

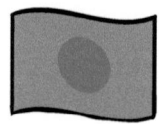

孟加拉語

bengalí

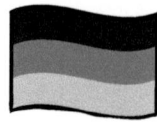

德語

alemán

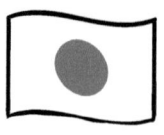

日語

japonés

我
yo

你
tú

他/她/它
él / ella

我們
nosotros

你們
vosotros

他們
ellos

誰？
¿quién?

什麼？
¿qué?

如何？
¿cómo?

何處？
¿dónde?

何時？
¿cuándo?

名字
nombre

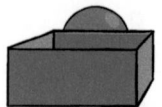

後面

detrás

裡面

en

前面

delante de

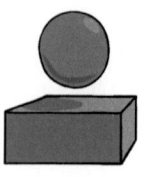

上方

encima de

上面

sobre

下麵

debajo de

旁邊

junto a

中間

entre

地點

lugar